a infância de ziraldo

© 2007 do texto por Audálio Dantas
Callis Editora Ltda.
Todos os direitos reservados
2ª edição, 2012
1ª reimpressão, 2021

Texto adequado às regras do novo Acordo Ortográfico da Língua Portuguesa

Coordenação editorial: Miriam Gabbai
Projeto gráfico e ilustrações: Camila Mesquita
Revisão: Ricardo N. Barreiros

Texto e imagens autorizados por Ziraldo Alves Pinto.

CIP-BRASIL. CATALOGAÇÃO-NA-FONTE
SINDICATO NACIONAL DOS EDITORES DE LIVROS, RJ.

D21z
2.ed.

Dantas, Audálio, 1929-
　　Ziraldo / Audálio Dantas ; ilustrações de Camila Mesquita. - 2.ed. - São Paulo : Callis Ed., 2012.
　　40p. : il. ; 28 cm. (A infância de...)

　　ISBN 978-85-7416-721-3

　　1. Ziraldo, 1932 - - Infância e juventude - Literatura infantojuvenil. 2. Cartunistas - Brasil - Biografia - Literatura infantojuvenil. I. Mesquita, Camila - II. Título. III. Série.

12-0920.　　　　　　　　　　　　　　　　CDD 028.5
　　　　　　　　　　　　　　　　　　　　CDU 087.5
15.02.12　　24.02.12　　　　　　　　　　033258

ISBN 978-85-7416-721-3

Impresso no Brasil

2021
Callis Editora Ltda.
Rua Oscar Freire, 379, 6º andar • 01426-001 • São Paulo • SP
Tel.: (11) 3068-5600 • Fax: (11) 3088-3133
www.callis.com.br • vendas@callis.com.br

a infância de Ziraldo

Audálio Dantas

Para Heloise, menina morena que acaba de chegar,
e para as crianças de todas as cores.

callis

Ziraldo (à esquerda) aos 4 anos, com seu irmão Ziralzi e os pais, Zizinha e Geraldo.
Ele não parava quieto e, por isso, sua imagem aparece tremida na foto.

Na lembrança do menino, era um sonho. Um sonho bom, gostoso, de aconchego, proteção, carinho. Era assim: o menino sentia-se embalado, quase flutuando num espaço bem protegido. Em volta era escuro, mas um escuro que não dava medo. Era um escurinho bom. E um constante balançar, às vezes suave, sempre igual, outras vezes mais forte e mais rápido.

O menino ali, numa boa. Dali, daquele bem-bom, dava para ouvir um barulhinho gostoso, um tamborilar que aumentava e diminuía.

Muito tempo depois, quando o menino já era grande, descobriu que aquilo não era um sonho. Era a lembrança meio esfumada de uma grande viagem que ele fizera quando tinha três anos. A família ia de mudança, numa viagem de muitas léguas e muitos dias em lombo de cavalo. Na frente, comandando a tropa, ia o avô materno do menino, *Seu* Hortêncio. Ele levava o neto na cabeça da sela, bem instalado e bem seguro. Logo atrás, ia sua mulher, D. Manuela, e os pais do menino, *Seu* Geraldo e D. Zizinha, com o filho menor no colo. Depois, as coisas de casa: móveis, louças, roupas...

A verdade boa do sonho foi, um dia, revelada pelo avô:

— Foi uma grande viagem que você fez quando era pequenininho.

Durante a viagem, quando a chuva caía, ele agasalhava o neto debaixo de sua capa gaúcha. O mundo, a chuva, o frio, o vento, tudo ficava lá fora. No escurinho feito pela capa, lá ia o menino embalado pelo andar ondeante do cavalo, ouvindo o barulhinho gostoso da chuva.

O menino tinha um nome diferente, difícil de ter outro igual no mundo inteiro: Ziraldo. Foi uma invenção de amor de seu pai. Ele pegou a primeira sílaba de Zizinha, juntou às duas últimas de Geraldo e pronto: estava inventado o nome do primeiro filho do casal. D. Zizinha achou que era um bom nome. E bonito! Combinava com o bebê moreninho que mostrou, cheia de alegria, ao marido:

— Olha que bonitinho que ele é.

Seu Geraldo não deixou por menos:

— Põe bonito nisso, Zizinha. Acaba de nascer o menino mais bonito de Caratinga!

Quando nasceu o segundo filho do casal, tão moreninho e tão bonito quanto o primeiro, recebeu um nome mais diferente ainda: Ziralzi. É que o amor de Geraldo ia aumentando à medida que a família crescia. Por isso, ele pegou o Zi de Zizinha, o Zi de Ziraldo e ficou no meio, com a sílaba ral.

Praça Cesário Alvim — Caratinga — Min
1948

Aquela viagem que parecia um sonho foi, na verdade, uma viagem muito difícil. Um subir e descer morros que parecia não acabar, travessias de mato fechado e de *corguinhos* engrossados pelas chuvas fortes.

A viagem começou em Caratinga, que era a cidade da família, e terminou, depois de percorridas mais de 40 léguas — uns 240 quilômetros! —, num povoado pequenininho chamado Lajão. O lugarejo ficava encarrapitado numa ribanceira do rio Doce, um rio grande, um dos maiores de Minas Gerais.

Vô Hortêncio seguia, imponente, no comando da caravana. Ele comandava a família inteira, cuidava de todos, como um diligente guardador de rebanhos. Foi dele a decisão da viagem e a iniciativa de arranjar em Lajão um bom emprego para o genro Geraldo. Um emprego de guarda-livros na firma de um italiano muito rico.

A praça principal de Caratinga, em 1948. "A praça da minha infância — recorda Ziraldo — tinha um belo coreto *art déco*, que um prefeito burro mandou derrubar".

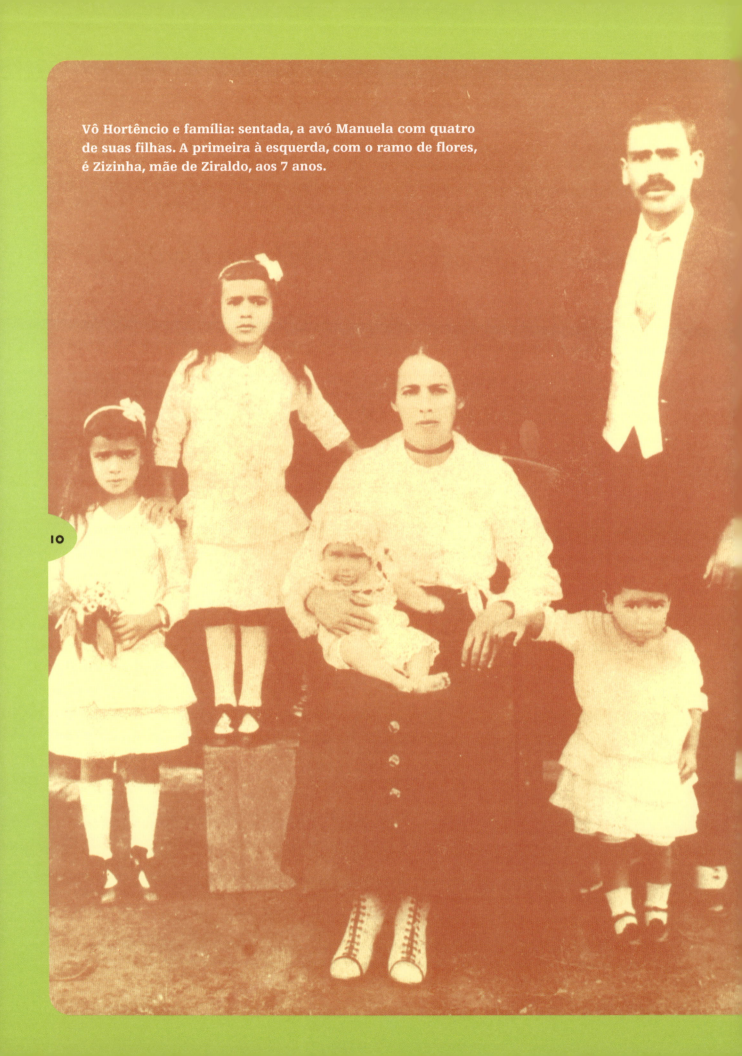

Vô Hortêncio e família: sentada, a avó Manuela com quatro de suas filhas. A primeira à esquerda, com o ramo de flores, é Zizinha, mãe de Ziraldo, aos 7 anos.

Vô Hortêncio era ferreiro de profissão. Sabia como poucos moldar o ferro, fabricar enxadas, facões, foices e outros instrumentos de trabalho, mas resolvera tentar a sorte na garimpagem. Comprou uma fazenda em Lajão e lá abriu uma grande lavra de pedras preciosas.

Foi no Lajão que o menino Ziraldo descobriu o mundo. Um dia — maravilha! — ele descobriu que tinha um rio no quintal.

E não era um riozinho qualquer, era o rio Doce, imenso, um mar de água. O quintal de verdade terminava no alto de um barranco e, lá embaixo, correndo manso, passava o rio.

Lá de cima, dava para ver umas canoas grandes que desciam carregadas de latões de leite. E também desciam grandes toras de madeira cortadas nas matas. As toras iam rolando, boiando. E, equilibrando-se em cima delas, iam meninos com varas de bambu. O trabalho deles era manter as toras juntas, que seguiam formando uma jangada gigante.

Às vezes, quando a correnteza era mais forte, as toras rolavam mais depressa e acontecia de algum menino perder o equilíbrio e cair, afundar na água, sumir. Quando um menino sumia nas águas costumava-se fazer uma jangadinha de madeira fina e colocar em cima um pires com uma vela acesa. Todos acreditavam que onde a jangadinha parasse estaria o corpo do menino. Então, a jangadinha ia descendo, descendo até encalhar num remanso. Aí iam procurar o corpo. Um dia, lá de cima de seu quintal, Ziraldo assistiu à busca de um menino que sumira nas águas do rio. Acompanhou tudo, entre curioso e aflito. Nessa hora, o rio perdeu toda a beleza.

A cena da jangadinha

a descer o rio para encontrar um menino morto foi uma das lembranças tristes que Ziraldo guardou na memória. Mas, do alto de seu quintal, o que mais ele via mesmo era a beleza do rio, que mudava de cor conforme o sol ia correndo no céu ou sumindo por detrás das nuvens. Tinha hora, quando as tardes iam terminando, que o rio era ouro só. E pelas manhãs, quando o mundo ia esquentando, na prainha, lá embaixo, os jacarés se juntavam na areia.

— Olha lá os jacarés quentando sol! — avisava um dos meninos que brincavam no quintal. E todos corriam para ver.

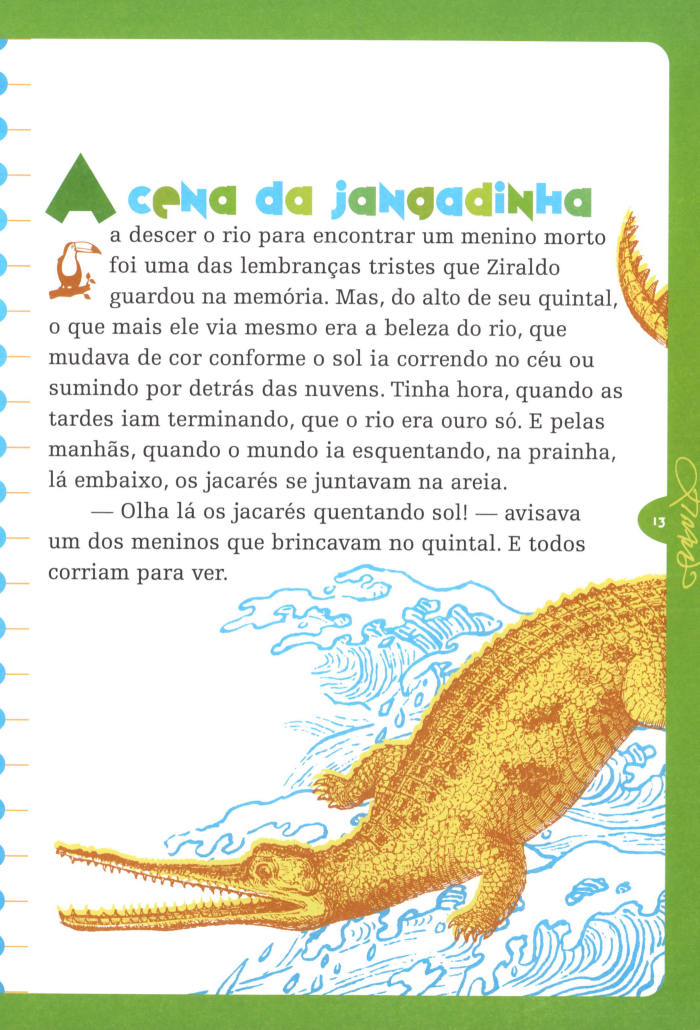

Havia jacarés e outros bichos naquela beira de rio. Um deles, uma anta, tinha hora certa para aparecer. Todas as tardes, pouco antes do escurecer, ela vinha da banda do rio, atravessava a rua num passinho cadenciado — ploc... ploc... ploc... — e sumia pelos matos por detrás da estação do trem.

O povo do Lajão já estava acostumado. Nem dava muita atenção para o passeio do bicho. De vez em quando, alguém perguntava:

— A anta já passou?

Ziraldo crescia junto com o povoado.

No Lajão, ficava a penúltima estação do trem que corria de Minas Gerais, pelo vale do rio Doce até Vitória, na beira do mar, no estado do Espírito Santo.

O povoado prosperava. Tanto que, não passou muito tempo, até mudou de nome, virou Conselheiro Pena. Foi então que vô Hortêncio, enjoado da aventura do garimpo, onde o povo vivia brigando, na cobiça pelas pedras coloridas, resolveu abrir um novo negócio no povoado. Montou um hotel bem ao lado da estação do trem. Mandou pintar uma placa vistosa e pregou na fachada: Hotel dos Viajantes.

Ziraldo aos 8 anos, com a avó Manuela. Ao lado, à esquerda, a prima Sônia e, à direita, o irmão Zélio.

Não demorou muito, chegou a luz elétrica. Foi uma festa no povoado, que já assumia ares de cidade. *Seu* Geraldo, que além de guarda-livros era poeta, encarregou-se de compor um hino para festejar a chegada da luz. O hino começava assim:

> Chegou a luz
> Ai, novidade no Lajão
> que ilumina a nossa vida,
> e um cantinho no coração.

Ziraldo ouvia o hino e mais e mais admirava o pai. Um homem moreno, grande e bonito, que não mexia só com livros de contas. Lia outros livros, fazia discursos, sabia de muitas coisas do mundo.

Por esse tempo, a família já estava maior. Chegou o terceiro filho de Geraldo e Zizinha, um menino que completou a Turma do Z. O pai, muito feliz, pôs-se outra vez a separar sílabas do seu nome e do nome da mulher, como fizera para "inventar" os nomes de Ziraldo e Ziralzi. Tentou, tentou e não deu certo. Criativo, chegou a pensar em Ziziral, mas achou que não era bom, desistiu. Só não desistiu do Z de Zizinha. E foi assim que o menino novo recebeu o nome de Zélio. Outro filho homem nasceria quase vinte anos depois do primeiro. Festejando o menino temporão, *Seu* Geraldo nem teve tempo de misturar sílabas e inventar o nome dele.

Antes que o marido se entregasse ao exercício, D. Zizinha anunciou:

— Vai se chamar Geraldo, como o pai.

O Trio Z: da esquerda para a direita, Zélio, Ziralzi e Ziraldo.

Ziraldo aos 3 anos, no quintal de casa, no povoado do Lajão.

Na rua

e no quintal, os meninos corriam felizes. O quintal era cercado de muros brancos, mas isso foi só no começo. Em pouco tempo, os muros foram ocupados pelos desenhos que o Ziraldo fazia com carvão. Bem, na verdade eram garatujas que ele riscava no muro. Ou no papel de embrulho que D. Zizinha trazia para casa, recortava e ajeitava em caderninhos caprichados. Um dia, tempos depois, deitado de barriga para o chão da sala, Ziraldo terminou um desenho e proclamou:

— É um tatu!

Havia pessoas em volta, admirando o menino a desenhar. Alguém disse, fazendo graça:

— Ele *tá* dizendo que desenhou um tatu...

Ziraldo olhou para cima, meio enfezado:

— E não é? É um tatu, uai!

As brincadeiras de rua

começavam na porta de casa. D. Zizinha reunia os seus meninos e outros meninos da vizinhança e organizava tudo. Nessas horas ela virava criança, brincava de roda, de esconde-esconde, de cabra-cega, amarelinha.

Mas Ziraldo já ia além das brincadeiras do quintal e da porta de casa. Aventurava-se pela rua, equilibrava-se nos trilhos do trem, percorria bons pedaços a contar os dormentes, aqueles pedaços de madeira forte que sustentam os trilhos. Uma vez, com seu amigo Alencar, que era um menino maior, aprontou uma boa. Uma verdadeira façanha.

O Alencar convidou:

— Vamos passear de trole?

O trole, um carrinho que parecia de brinquedo perto dos vagões do trem, servia para levar os maquinistas de um lado para o outro do pátio de manobras, bem em frente da casa do Ziraldo. Eles davam impulso com uma vara, e lá ia o carrinho correndo pelos trilhos.

Quando o Alencar fez o convite, Ziraldo não pestanejou:

— Vamos, *sô*!

Não demorou, os dois estavam em cima do trole. O Alencar manobrava com a vara, na parte de trás, e o Ziraldo ia à frente, com ares de comandante. A molecada que assistia à cena não se continha.

— Alá aqueles dois, *sô*! Os homens do trem vão pegá-los — dizia um grandão que era só despeito.

A grande sensação foi quando, na travessia da linha principal, os "viajantes" avistaram um trem que manobrava e avançava na direção deles. A manobra era devagar, mas eles estavam bem perto, e o trem vindo, vindo... Ziraldo teve uma ideia: assobiou forte, imitando o apito de trem:

— Piuuuuu... Piuuuuu!

Quando o trem estava bem perto, mas quase parando, foi a vez do Alencar. Ele gritou para o maquinista:

— Ô, moço, para aí pra gente atravessar!

O maquinista achou muita graça. E parou, morrendo de rir, principalmente do jeito do Ziraldo, um pirralhinho de cinco anos imitando apito de trem.

A história correu de um lado a outro do Lajão. E depois correu mundo, enfeitada com lances de heroísmo pelos viajantes que se hospedavam no hotel de *Seu* Hortêncio, avô do herói. Vô Hortêncio se encarregara de fazer o Alencar sumir da história. O herói era mesmo o Ziraldo, senhor do comando do trole, a ordenar:

— Para o trem aí, *sô*!

Nas cidades por onde passavam, os viajantes iam contando:

— Sabe a história do menino que parou o trem?

As pessoas ouviam, admiradas, e comentavam:

— Rapaz, que menino maluquinho!

O menino estava crescendo,

fazendo artes. E vô Hortêncio, orgulhoso da coragem do neto, punha-se a lembrar dos passeios que fazia com ele: "Puxa, parece que foi ontem", suspirava. Era em tempo de férias, quando a família se reunia na fazenda. Madrugada ainda, vô Hortêncio acordava Ziraldo. Em voz baixa, alegrinha, convidava:

— Levanta, rapaz, *tá* na hora de ver o dia nascer.

Ainda escuro, lá iam os dois. Andavam, andavam, enquanto, aos poucos, o mundo ia clareando.

— O dia já nasceu, vô? — perguntava o menino.

— Tá começando — respondia o avô.

— E o sol, vô, cadê o sol?

Vô Hortêncio punha a mão em pala na testa, olhando no horizonte como se estivesse procurando o sol para mostrar ao neto. Apontava para o pedaço de céu mais iluminado, no alto do morro, e dizia, com alegria:

— Lá vem ele, lá vem ele! Quer ver?

Lá embaixo, de sua altura, Ziraldo admirava o homem grandão que o convidava:

— Vem, sobe aqui pra ver o sol chegar.

Vô Hortêncio ajeitava o neto sobre os ombros e perguntava:

— *Tá* vendo, *tá* vendo?

— *Tô!* — respondia lá de cima o menino.

— Puxa, você viu primeiro do que eu! — exclamava feliz o avô.

Logo a luz se esparramava, revelando tudo — as árvores, o mato rasteiro, as flores, os passarinhos, os *corguinhos* e o rio grande, aquela enormidade de água.

D. Zizinha herdou de vô Hortêncio esse gosto pelas manhãs. Em Caratinga, para onde a família voltou e foi aumentando, ela acordava a filharada para longos passeios pelos arredores da cidade. Os filhos já eram seis: além dos meninos, a Turma do Z, havia três Marias — Maria Elisa, Maria Elena e Maria Elisabete, todas com apelidos, claro. A primeira Maria era Santinha; a segunda, Lelena; e a terceira, Bebete.

D. Zizinha comandava a turma. Ziraldo, o maior, ia logo atrás, seguido pelos irmãos enfileirados. Iam todos ao encontro do dia.

D. Zizinha era mãezona, uma supermãe. Comandava a casa com disposição e alegria, costurava, bordava e ainda tinha tempo de escrever poesias. Mas o seu trabalho principal era cuidar dos filhos. Um dia, inventou um teatrinho em que eles eram os atores. O resto, tudo que precisava para as representações, ficava a seu cargo: os textos das peças, os cenários e as roupas.

O teatrinho caseiro fazia sucesso. Juntava parentes, amigos e, principalmente, a meninada da rua Nova, que ficava quase no fim da cidade, beirando um riozinho que passava pelos quintais.

Iniciado nas artes teatrais, tempos depois Ziraldo montou um cirquinho em seu quintal. Era ele, claro, o artista principal. Distribuía os papéis para os irmãos. Zélio, por ser o menor, era sempre o anão do circo, que tinha um nome pomposo: Circo Teatro Norte-América. De onde viria um nome desses? É que o menino Ziraldo vivia a "escutar" o mundo lá de fora. Deixava tudo de lado na hora em que o rádio de casa era ligado nos programas de notícias. Era tempo de guerra, a Alemanha espalhava o terror na Europa, querendo tomar conta de tudo. Norte-América era como os locutores chamavam os Estados Unidos, que se aliaram a outros países na luta contra os invasores alemães.

Ziraldo acompanhava todos os lances da guerra, avanços e recuos das tropas, os bombardeios, a resistência na França e na Rússia. Virou um "especialista", para maior orgulho de vô Hortêncio. Na praça principal da cidade, toda enfeitada de altas palmeiras, papeando com os amigos, ele esperava a hora do menino passar para a escola. Chamava o neto para a exibição. E começava por Stalingrado, cidade russa sitiada pelos alemães:

— Stalingrado caiu?

Ziraldo tinha a resposta na ponta da língua:

— Não, os russos resistiram.

Vô Hortêncio disparava perguntas e mais perguntas que o neto respondia prontamente. Um assombro. O menino seguia para a escola, e o avô proclamava, na rodinha de amigos:

— Esse é o meu neto! Sabe tudo, esse menino...

Por esse tempo, Ziraldo já estava na primeira série do ginásio (hoje o sexto ano do Ensino Fundamental). E além dos heroísmos da guerra no outro lado do mundo, começava a descobrir os heróis das histórias em quadrinhos. Heróis também distantes, tremendamente poderosos. Todos da Norte-América: Tarzan, Flash Gordon, Capitão Marvel, Príncipe Submarino, Tocha Humana.

Conheceu todos esses heróis graças ao Zé Biscoito, o jornaleiro da cidade, que um dia lhe ofereceu uma revistinha, *O Gibi*. Ziraldo pegou a revista, olhou rapidamente e estendeu-a de volta para Zé Biscoito:

— Não tenho dinheiro.
— Fica com a revista, *sô*! Vou cobrar de *Seu* Geraldo.

Ziraldo (à esquerda) e o irmão Ziralzi, com o pai, Geraldo, no Campo de Santana, Rio de Janeiro, em 1940.

Entre o temor da reação do pai e a emoção de folhear a revista, Ziraldo escolheu *O Gibi*. Chegou em casa meio ressabiado, sondando a reação de *Seu* Geraldo. Não houve problema. O pai, que era muito católico e amigo do padre, que dizia ser pecado ler aquelas revistinhas, preferiu "pecar" com o filho... Ele sabia do gosto do menino pelo desenho. Tanto que tomara a iniciativa, anos antes, de mandar um desenho dele — um tatu — para a *Folha de Minas*, e ficou muito orgulhoso quando viu o desenho publicado.

Ziraldo com as duas filhas, Fabrizia (à esquerda) e Daniela, no Campo de Santana, Rio de Janeiro, em 1969.

Quando era bem menor e estava para fazer a primeira comunhão, Ziraldo julgava ter muitos pecados. Um dia, organizou na cabeça uma lista enorme de pecados e foi se confessar. Escolheu o monsenhor, que era autoridade maior do que o padre. Foi uma decepção. Ajoelhado, todo contrito, queria confessar tudo direitinho. Foi logo dizendo:

— Eu pequei...

O monsenhor nem quis ouvir. Perguntou de quem ele era filho. "Ah, o Geraldo Alves Pinto... bom homem, bom homem, católico fervoroso". Além disso, *Seu* Geraldo ocupava cargos importantes na cidade. Foi até vereador. O monsenhor despachou o menino:

— Você não tem pecado não. Reze aí uns padre-nossos e umas ave-marias e vá comungar.

Ziraldo saiu meio frustrado e, ao mesmo tempo, admirado por ser um menino sem pecado.

 **A professora** Maria do Carmo, toda engomada e beata, pensava diferente do monsenhor e não tinha a tolerância de *Seu* Geraldo com os gibis. Se encontrasse algum aluno com uma revistinha na sala de aula, fazia o maior escândalo. E escândalo enorme fez no dia em que flagrou o Ziraldo desenhando. O desenho era de um herói que ele tinha inventado, parecido com os heróis norte-americanos, vestindo um calção.

O Capitão Tex, personagem de história em quadrinhos criada por Ziraldo, em 1945.

— Uma indecência! Uma indecência! — esbravejava a professora.

Gritava a sua raiva e, mais raivosa ainda, rasgava o desenho do menino.

Nesse tempo Ziraldo andava desenhando adoidado. Não entendia direito aquela paixão, mas sentia que desenhar era o que queria fazer. Às vezes, vendo a molecada na poeira da rua, sentia até inveja de tantas coisas que os outros sabiam fazer, e ele não sabia direito: rodar pião, soltar papagaio, jogar bolinha de gude — que lá em Caratinga chamavam birosca —, todas essas brincadeiras.

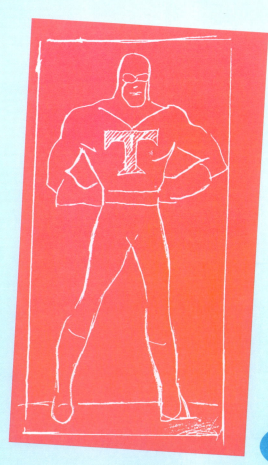

Em compensação, a meninada admirava os desenhos que Ziraldo fazia. Alguns tinham uma inveja danada. Ele fazia até revistinhas completas, inventava as histórias, criava os seus próprios heróis. Um deles era o Capitão Tex, capaz de proezas incríveis.

Sua fama corria a cidade. Não demorou, meninos de famílias mais abastadas começaram a comprar historinhas e desenhos especiais do Ziraldo. E a cada dia, era mais encomenda. Até parecia que ele era um profissional! Um dia, Ziraldo descobriu a razão de tanta encomenda. É que a turma tinha descoberto um concurso da revista *O Gibi*, que dava prêmio para os leitores que enviassem os melhores desenhos. Uns dez garotos de Caratinga tinham sido premiados.

Mas Ziraldo ia além do Rio de Janeiro, onde *O Gibi* era editado. Ia diretamente à fonte, quer dizer, a Norte-América. E ganhou um prêmio de uma revista importante de lá. Era um conjunto de material de desenho, com prancheta e tudo. E de lá recebia muitas revistas, pacotes e mais pacotes. O agente do correio avisava *Seu* Geraldo:

— Chegou uma encomenda do estrangeiro. Só pode ser pro seu menino.

Desenho feito em 1945.

Além da paixão pelos gibis, havia outra, mais antiga: a dos livros. Leu todos os que pôde na biblioteca da escola: *Tesouro da juventude*, *Robinson Crusoé*, quase toda a coleção de Monteiro Lobato. E bem antes disso, lá no Lajão, antes mesmo de saber ler, folheava os almanaques que os viajantes traziam. Tinha o *Almanaque Capivarol* e o *Almanaque do Biotônico*, com a história do Jeca Tatu. Um assombro, com galinhas e outros bichos calçando botinhas, que era para não pegarem doenças de vermes, como explicava D. Zizinha.

Desse tempo, Ziraldo também se lembrava de um livro que não sabia ler, mas carregava para todo lado. Era um livro bonito, cheio de figuras, mas de tão manuseado ficou todo ensebado, quase se desfazendo. Um dia, quando chegou um fotógrafo no Lajão e todo mundo foi tirar retrato, D. Zizinha arrumou os filhos com as melhores roupas e lá foram eles, bem penteadinhos. O Ziraldo e o Ziralzi já estavam prontos, empertigados, mas D. Zizinha pediu ao fotógrafo:

— Espere aí um *muncadim, seu* retratista. *Tá* faltando o amigo dele!

Saiu quase correndo e logo estava de volta com o livro ensebado. No retrato, o Ziraldo, todo durinho, segura o livro que nunca esqueceria. Tanto que, já homem feito, um dia encontrou um livro num sebo e foi logo dizendo: "É esse, é esse!". Era um exemplar até bem conservado, longe de ser ensebado como o que lhe pertencera, mas era igualzinho. Abria numa página, via um desenho, dizia "já sei". Sabia o que ia encontrar na página seguinte, uma atrás da outra, até o fim. Coisa de amigo!

Piquenique nos arredores da Caratinga, em 1940. Aparecem, da esquerda para a direita: o chofer de praça Bernardino, Marieta (amiga da família) a tia Inês e sua filha Sônia, Ziralzi, Ziraldo (com a cesta do piquenique), D. Zizinha, Zélio e *Seu* Geraldo.

Pela vida afora, Ziraldo teria muitos amigos. Os primeiros foram meninos de Caratinga, quase todos morenos, como ele. E como muitos outros, a maioria do Brasil, ele não sabe direito de onde vieram "os avós de seus avós", que aqui chegaram e aqui se misturaram. Dava para ver, pela cor da pele, que seu pai "tinha sido um menino marrom", e que na família tinha gente de pele clara, como uma tia loura de olhos verdes, linda como uma miss da Norte-América. Mas, em casa, ele e seus seis irmãos eram todos meninos morenos, "uns mais, outros menos".

Ziraldo quando cursava a terceira série ginasial, em Caratinga, com seu amigo Galileu, cujo nome seria dado à onça das histórias do "Pererê".

O menor de todos os irmãos, que recebeu o nome do pai, Geraldo, terminou dando o nome a um dos personagens — o coelho Geraldinho — da revistinha *Pererê*, a primeira revista colorida de quadrinhos brasileira, que apareceu em 1960. Uma invenção do Ziraldo, histórias brasileiras, com um herói do nosso folclore, o saci-pererê. Nada de "halloweens" e outras histórias importadas.

O saci, pretinho espertíssimo, senhor de muitos truques, é o líder de uma turma que reúne a onça Galileu, o macaco Alan, o jabuti Moacir, o tatu Pedro Vieira e outros bichos. E gente como o indiozinho Tininim, Compadre Tonico e Mãe Docelina. Tirando o saci, que é do Brasil, os nomes dos outros personagens são quase todos de Caratinga, da turma dos amigos de infância de Ziraldo. Foram quase todos meninos morenos — uns mais, outros menos. Meninos do Brasil.

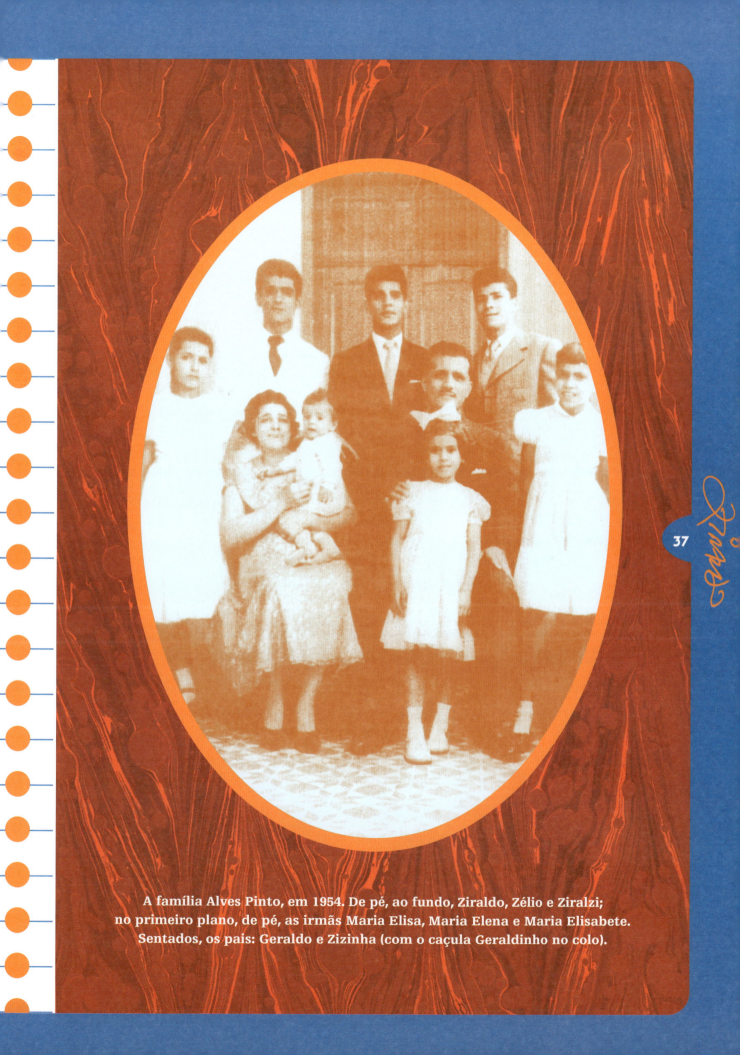

A família Alves Pinto, em 1954. De pé, ao fundo, Ziraldo, Zélio e Ziralzi; no primeiro plano, de pé, as irmãs Maria Elisa, Maria Elena e Maria Elisabete. Sentados, os pais: Geraldo e Zizinha (com o caçula Geraldinho no colo).

Álbum de família: Ziraldo e Fabrizia, sua segunda filha...

... e com a primogênita, Daniela (Daniela Thomas, hoje cineasta e cenógrafa).

Com a mulher, Vilma; as filhas, Fabrizia e Daniela; e o caçula, Antônio.

Ziraldo aos 17 anos, em pose de galã.

Com Antônio, hoje músico de cinema.

Dados biográficos

Ziraldo

Ziraldo nasceu em Caratinga, Minas Gerais, no dia 24 de outubro de 1932. Primeiro dos sete filhos do casal Zizinha e Geraldo Alves Moreira Pinto, ele começou a desenhar aos três anos e nunca mais parou. Nascia ali, num vilarejo mineiro chamado Lajão, no vale do rio Doce, um dos artistas gráficos mais importantes do Brasil. No Lajão, para onde sua família se mudara em 1935, e depois na cidade natal de Caratinga, a "carreira" de desenhista do menino Ziraldo logo se revelaria brilhante. Já adulto, sua primeira publicação foi uma revista em quadrinhos cujo herói era o saci, figura mais importante do folclore brasileiro. Era a revistinha *Pererê*, a primeira do gênero de um autor brasileiro. Da revista, Ziraldo passou para os livros. O primeiro que escreveu para crianças, *Flicts*, foi lançado em 1969. Até hoje, Ziraldo escreveu mais de 110 livros, muitos dos quais premiados e traduzidos em vários idiomas. *O Menino Maluquinho*, lançado em 1980, é o maior sucesso da literatura infantil do Brasil, com mais de 2,5 milhões de exemplares vendidos. É a história de um menino que vive feliz a sua infância; como Ziraldo, hoje um menino prestes a completar 80 anos.

Audálio Dantas

Há grandes diferenças entre Tanque d'Arca, em Alagoas, lugar de nascimento de Audálio Dantas, e Lajão, em Minas Gerais, lugar das primeiras descobertas da infância de Ziraldo. Tanque d'Arca, lugarejo humilde, encravado num pé de serra, continuou por muitos anos o mesmo lugarejo. Depois virou cidade, mas contida quase no mesmo espaço, parada no tempo. Vindos de lugares tão diferentes, Ziraldo e Audálio encontraram-se na redação da revista *O Cruzeiro*, no Rio de Janeiro, no início da década 1960. *O Cruzeiro* era, então, a mais importante revista semanal do Brasil. Os dois tinham muito em comum: as reportagens que um escrevia cresciam graficamente na prancheta do outro. Nesse tempo, Ziraldo já era um dos principais artistas gráficos do país. Agora que as histórias do *Pererê* viraram clássicas e foram reunidas em livros, Audálio reencontra Ziraldo, para contar a história de sua infância neste livrinho que se junta a três outros que escreveu para a coleção "A infância de..." — Graciliano Ramos, Mauricio de Sousa e Ruth Rocha.

Turma do Pererê.

Este livro foi reimpresso, em segunda edição,
em janeiro de 2021, em offset 120g/m², com capa em cartão 250g/m².